Franz von Holtzendorff

John Howard und die Pestsperre gegen Ende des achtzehnten Jahrhunderts

Franz von Holtzendorff

John Howard und die Pestsperre gegen Ende des achtzehnten Jahrhunderts

ISBN/EAN: 9783744633079

Hergestellt in Europa, USA, Kanada, Australien, Japan

Cover: Foto ©ninafisch / pixelio.de

Weitere Bücher finden Sie auf **www.hansebooks.com**

John Howard

und

die Pestsperre

gegen Ende des achtzehnten Jahrhunderts.

Von

Franz von Holtzendorff.

Berlin SW. 1879.

Verlag von Carl Habel.

(C. G. Lüderitz'sche Verlagsbuchhandlung.)

33. Wilhelm-Straße 33.

Wieviel der Engländer John Howard vor einem Jahrhundert gethan hat, um das Loos der Gefangenen und die Einrichtung der Strafanstalten zu verbessern, welchen Anspruch er erheben darf, als Begründer der Gefängnißreform gepriesen zu werden, ist allen Denjenigen bekannt, die der Geschichte der Strafrechtspflege einige Aufmerksamkeit zugewendet haben.

Weniger allgemein bekannt ist, welche Verdienste derselbe Mann um die Verbesserung der öffentlichen Krankenpflege sich erwarb, indem er wiederholentlich die europäischen Staaten unter damals schwierigen Verhältnissen durchwanderte, Krankenhäuser und Hospitäler untersuchte, tief eingerissene Schäden der Verwaltung aufdeckte, den Gründen der Pestseuche nachforschte und, unter Aufopferung seines eigenen Lebens, zur besseren Behandlung oder Heilung solcher beitrug, die von allen Seiten gemieden und geflohen waren. Obgleich Howard kein Arzt von Beruf war, so hatte er doch in seiner Zeit auf die Erkenntniß mancher Krankheitsursachen und die Abstellung der in der öffentlichen Krankheitspflege eingerissenen Mißbräuche ebenso erfolgreich eingewirkt, wie in neuerer Zeit, während des Krimkrieges, Miß Nightingale. Gleich ihr bewies er, daß es zuweilen gut ist, nicht alles vertrauensvoll der Verantwortlichkeit solcher Fachmänner zu überlassen, die entweder als Verwaltungsbeamte durch die Vorliebe für bestehende Zustände befangen gemacht wurden oder im idealen Streben nach reiner, wissenschaftlicher Erkenntniß die praktischen Aufgaben und Bedürfnisse ihrer eignen Zeit mit gleichgültigen Blicken betrachten.

Sich mit der öffentlichen Krankenpflege und den Ursachen der Seuchen zu beschäftigen, war Howard schon dadurch veranlaßt worden, daß er vorzugsweise in den englischen Gefängnissen einen Heerd jenes furchtbaren „Kerkerfiebers" gefunden hatte, das zeitweise die Gefangenen selber weniger gefährdete, als Diejenigen, die vorübergehend mit ihnen in Berührung traten. Er hatte die Ursachen solcher Erscheinungen erklärt, die der Aberglaube auf übernatürliche Wunder zurückführte und es durch seine Beobachtungen außer Zweifel gesetzt, daß die schwarzen Assisen von Oxford im Jahre 1577, bei welchen von den betheiligten Richtern und Zuschauern plötzlich 300 Personen durch ein tödtliches Fieber dahingerafft wurden, während die abzuurtheilenden Verbrecher verschont geblieben waren, als ein in Gestalt des Kerkerfiebers vollzogener Racheact der Gefängnißverwahrlosung anzusehen waren. Es ist natürlich, daß Howard's Bekanntschaft mit den Ursachen und Erscheinungen des Kerkerfiebers, von dem er merkwürdiger Weise trotz seines jahrelang fortgesetzten Verkehrs mit Gefangenen verschont blieb, seine Theilnahme auch für andere Seuchen, insbesondere die Pest, erweckte.

Noch eine anderweitige Beziehung bestand damals zwischen Strafanstalten und Pesthäusern. Wie man sagen konnte, daß ein sehr großer Theil der englischen Untersuchungsgefangenen um die Mitte des vorigen Jahrhunderts nach unseren heutigen Begriffen in eine Krankenanstalt gehören würden, so läßt sich auch behaupten, daß damals in der Mehrzahl der europäischen Staaten Pestkranke oder der Pest verdächtige Personen, gleich schweren Verbrechern, eingekerkert wurden. Der Bestrafung durch ein grausames Verdächtigungsgesetz verfiel oft Derjenige, gegen den eine leichte Vermuthung der Ansteckungsgefahr vorlag.

Angesichts der Maßregeln, zu denen die Obrigkeiten vor zweihundert Jahren, durch thörichten Schreck oder überwältigende Furcht veranlaßt waren, schien bereits damals die Frage berechtigt, ob die Pest bei ungehindertem Walten an einigen Orten so viele Opfer gefordert haben würde, wie ihr durch verkehrte Absperrungsgebote gleichsam zugetrieben worden sind.

War in den Anordnungen, die ein hochweiser Bürgermeister und Magistrat von London im Jahre 1665 zur Abwehr der Pest verkündet hatte, etwas anderes zu sehen, als eine Verurtheilung einfach verdächtiger Personen zur Freiheitsberaubung oder gar Todesstrafe? [1])

Diesen Anordnungen zu Folge, war jedes Haus, von dem aus eine Ansteckung zu befürchten war, mit seinen Bewohnern sofort völlig abzusperren. Die Thüre ward mit einem rothen Kreuze bezeichnet, unter dem in lateinischer Sprache die Worte standen: „Herr, erbarme dich unser!“ Eine Wache sorgte Tag und Nacht dafür, daß Niemand, mit Ausnahme der Chirurgen oder Aerzte, Krankenwärter, Inspektoren aus- oder einging. Alles dies dauerte in voller Strenge einen ganzen Monat hindurch, bis die davon betroffene Familie entweder ausgestorben oder genesen war.

Der Verdacht der Uebertreibung ist gewiß nicht gerechtfertigt, wenn der englische Arzt Mead [2]) über die Wirkung solcher Maßregeln berichtete:

„Darf man sich nach alledem wundern, wenn solche unvernünftigen Befehle Klagen hervorriefen und die Bewohner durch die wider sie verhängte Gefängnißstrafe in Schrecken gesetzt wurden? Daher kam es, daß man alles that, um die bereits vorhandene Krankheit möglichst lange zu verbergen, was nicht wenig zu deren weiterer Verbreitung beitrug. Zur äußersten Verzweiflung getrieben, brachen einige, um der Noth zu entgehen, gewaltsam aus den Pforten heraus; andere stürzten sich aus den Fenstern, bestachen oder ermordeten die aufgestellten Wachtposten, um zu entkommen. Bei Nachtzeiten traf man solche Unglückliche, hier und dort herumirrend, deren gräßliches Geschrei Entsetzen, Verzweiflung oder Geisteskrankheit verrieth, sei es, daß sie vom Fieber überwältigt waren, sei es, daß ihnen der Anblick todter Freunde und Angehöriger Schrecken eingeflößt hatte."

Ein großes Werk war es, das Howard in Angriff nahm, als er, ohne von Regierungen oder Staatsmännern unterstützt zu sein, dem damals noch stehenden Feinde der Süd-Europäischen Staaten entgegenging, um Entstehungsgründe, Ursachen, Verbreitungsweise, Abwehrmittel und Heilung der Pest an den zumeist davon heimgesuchten Orten kennen zu lernen.

Neben den Beweggründen echter Menschenliebe, von denen Howard beherrscht blieb, bis er in der Ausübung seines Berufs als Krankenpfleger einer ansteckenden Krankheit im Januar 1790 zu Cherson in Rußland auf seiner letzten Forschungsreise erlag, waren es aber auch bedeutende wirthschaftliche Interessen, die durch das häufige Auftreten der Pest gefährdet wurden. Die Kriege des Mittelalters hatten das Gleichgewicht des Volkshaushalts und den ruhigen Entwicklungsgang der Kultur weniger geschädigt, als die gelegentlich einbrechenden Verwüstungen der Pest, in denen der Aberglaube früherer Jahrhunderte eine Heimsuchung des göttlichen, mit stiller Ergebung zu tragenden, widerstandslos hinzunehmenden Zornes erblickte.

Als sich seit dem 16. Jahrhundert der Seehandel zu immer höherem Aufschwunge erhob, waren es zumeist die seefahrenden Nationen, die jenen häufig wiederkehrenden Seuchen nicht nur ihren Tribut an Menschenleben, sondern auch eine gleichsam bleibende Brandschatzung in Gestalt drückender Vermögensverluste und lästiger Verkehrshemmungen zu entrichten hatten. Alle jene Veranstaltungen, die seit dem Ende des 15. Jahrhunderts, zur Abwehr der Pest in den Häfen des mittelländischen Meeres getroffen wurden, vergegenwärtigen nur einen oft erfolglosen Kampf zwischen kaufmännischer Gewinnsucht, die sich unerträglichen Fesseln zu entziehen sucht, und der durch Jahrhunderte überlieferten Schreckensherrschaft der Seuche.

Der Philanthrop Howard hatte mit richtigem Blick die Bedeutung auch der wirthschaftlichen Interessen erkannt, die die Unterdrückung der Pest in sich schloß. Jener eigenthümliche, das gesammte Volk durchdringende Handelsgeist, der ein Merkmal des englischen Stammes ist, verräth sich auch bei ihm, indem Howard nirgends versäumte, darauf aufmerksam zu machen, welchen Geldvortheil England aus zweckmäßig gewählten Maßregeln gegen die Verbreitung der Pest ziehen könnte.

Diesen Gesichtspunkt benutzend, bemühte er sich, nachzuweisen, daß England selbst durch Duldung des nicht zu überwachenden Zwischenhandels der Holländer mit orientalischen Staaten im hohen Maße die Einschleppung der Pest nach England beförderе, daß die Herstellung eines geeigneten „Lazareths" an der englischen Küste in Verbindung mit der Begünstigung des direkten Handels mit der Levante den englischen Handelsinteressen Vorschub leisten würde; ferner, daß die Parlamentsakte aus dem 26. Regierungsjahre Georg's II. schädlich sei, wonach in England und Irland keine der Ansteckung fähigen Waaren ohne Gesundheitspaß gelandet werden durften, wofern die betreffenden Handelsartikel nicht in ausländischen Pesthäusern in Malta, Ancona, Venedig, Messina, Livorno und Genua oder Marseille hinreichend gelüftet worden waren. Er zeigte, wie es kam, daß im achten Jahrzehnt des vorigen Jahrhunderts der levantinische Handel an den östlichen

Gestaden des mittelländischen Meeres sich zu drei Vierteln in den Händen griechischer Häuser befand und England, was den Bezug der Baumwolle aus türkischen Gebieten anbelangte, gänzlich von den Holländern abhängig geblieben war. Er erinnerte daran, daß von den achtzehntausend Säcken Baumwolle, die damals von englischen Fabriken verarbeitet wurden, zwei Drittel durch holländische, französische oder italienische Häuser in England eingeführt würden, die Gesundheit der Engländer also in den Händen fremder Nationen bewahrt lag. Die wirthschaftlichen und handelspolitischen Nachtheile zweckwidrig eingerichteter Quarantaine-Anstalten an der Hand der Erfahrung und auf Grund sorgfältig eingesammelter Nachrichten dargethan zu haben, dürfte als ein Verdienst Howard's nicht gänzlich zu übersehen sein, obwohl dasselbe durch den menschheitlichen Werth seiner Bemühungen weitaus überstrahlt wird.

In der „Beschreibung der hauptsächlichsten europäischen Pesthäuser" (Lazarethe), die Howard wenige Jahre vor seinem Tode, als sein letztes Werk, 1789 herausgab, besitzen wir eine Berichterstattung, die auch heute noch geeignet bleibt, dem ärztlichen Sachverständigen werthvolle Winke zu liefern über eine Seuche, deren nähere Beobachtung, während des letzten Menschenalters, vergleichungsweise nur wenigen europäischen Aerzten vergönnt war.

Wir erfahren aus ihr den Stand der Dinge, der Ansichten und Meinungen, der wichtigsten Streitfragen und Zweifel, wie sich derselbe gegen das Ende des vorigen Jahrhunderts in den Augen eines gewissenhaften, sorgfältigen und unbedingt vorurtheilsfreien Beobachters darstellte. Weit davon entfernt, auf die Meinung einzelner, sogenannter Autoritäten, zu schwören, hatte Howard auf seinen Reisen in Frankreich, Italien, Griechenland und in der Türkei planmäßig die Stimmen der berufensten

Sachverständigen und Aerzte nach einheitlichem Plane gesammelt, um den wirklich vorhandenen Thatbestand, nach Art eines richterlichen Verhörs, soweit feststellen zu lassen, als ihm der eigene Augenschein nicht vergönnt war, oder sein eigenes Urtheil ihn im Stich lassen mußte.

Nach Art der neuerdings auch in Deutschland angewendeten, amtlichen Untersuchungsmethoden hatte er eine Anzahl solcher Fragen aufgestellt, die ihm als die wichtigsten erschienen. Da schon die Art der Fragestellung für den Standpunkt der damaligen Gesundheitspflege bezeichnend sein kann, ist es gerechtfertigt, dieselbe wörtlich mitzutheilen.

Erstens: Wird die Pest häufig durch persönliche Berührung (Contact) mit dem Kranken verbreitet?

Zweitens: Kann die Pest von selbst auf natürlichem Wege entstehen? (d. h. abgesehen von der Einschleppung?)

Drittens: Auf welche Entfernung wird die den Pestkranken umgebende Luft vergiftet? In welchem Grade kann der Gebrauch vergifteter Kleidungsstücke oder die Berührung pesttragender Gegenstände die Krankheit hervorbringen?

Viertens: Welches sind die Jahreszeiten, zu denen sich die Pest vorzugsweise zeigt, und welche Zeit vergeht zwischen der Ansteckung und dem Ausbruch der Krankheit?

Fünftens: Welches sind die ersten Symptome der Pest? Bestehen sie nicht häufig in Drüsenschwellungen in der Achselhöhle oder der Leistengegend?

Sechstens: Ist es wirklich wahr, daß zwei verschiedene Pestfieber mit beinahe gleichen Symptomen vorhanden sind? Das eine mit Recht „Pest“ genannt und auf gewisse Entfernungen durch die Luft, ohne körperliche Berührung übertragbar, während das andere, das man gleichfalls sehr gut „contagiös“ nennen könnte, sich nur durch

Berührung oder mindestens nur durch allernächste Annäherung an angesteckte Personen oder inficirte Sachen mittheilt?

• Siebentens: Welches ist die Behandlungsweise während der ersten Periode, und welche Behandlung ist in den fortgeschrittenen Stadien anzuwenden? Was weiß man Sicheres über den Gebrauch von China, von Serpentaria, von Wein, von Opium, von Einathmung reiner Luft und kalten Bädern?

Achtens: Wenn die Pest in einem Lande herrscht, schreiben alsdann die Aerzte den Befallenen eine kräftige Ernährung oder Entziehung von Nahrungsmitteln vor? Verordnen sie auch Arzneien an solche, die noch nicht angesteckt sind?

Neuntens: Sind die Genesenden neuen Anfällen der Pest ausgesetzt? (oder für eine gewisse Zeit geschützt?)

Zehntens: Welches ist das Verhältniß der Todesfälle und welches ist die gewöhnliche Zeitdauer in dem Krankheitsverlaufe?

Eilftens: Welches sind die Mittel, die Pest zu verhindern, das weitere Fortschreiten der Ansteckung aufzuhalten und die inficirten Orte von dem zerstörenden Gifte wieder zu reinigen?

Aus den Antworten, die Howard von acht Aerzten an den damals wichtigsten Krankenanstalten von Marseille, Livorno, Malta, Venedig, Triest und Smyrna einsammelte,[3]) ergiebt sich, daß fast in allen Stücken die Pestfrage im achten Jahrzehnt des vorigen Jahrhunderts, trotz der Ueberlieferung von vielen Menschenaltern, höchstens denselben Punkt erreicht hatte, die die in ihren Mitteln und Methoden fortgeschrittene Wissenschaft hinsichtlich der Cholera, während des 19. Jahrhunderts, bereits in den ersten Jahrzehnten unseres Jahrhunderts erreichte.

Leider heißt das aber: Dieselben Streitfragen in Beziehung auf die Art der Entstehung und Verbreitung der Seuche, dieselbe Unbekanntschaft mit den Mitteln ihrer wirksamen Bekämpfung und Heilung, dieselbe Unklarheit über das eigentliche Wesen der Krankheit, die man als Blutvergiftung erkannt hatte.

Im Großen und Ganzen kann dies Resultat Niemand Wunder nehmen. Erwägt man vielmehr den ungeheuren Abstand in dem allgemeinen Entwickelungsstande der heutigen Zeit, die Verbesserung der Werkzeuge, mit denen die neuere Naturwissenschaft beobachtet, die größere Ziffer der gleichzeitig gewisse Krankheitserscheinungen beobachtenden Sachverständigen, die Schnelligkeit in dem Austausch der Wahrnehmungen, und die schärfere Kritik zweifelhafter Beobachtungen, die Ausdehnung eines die alte und neue Welt umspannenden Beobachtungsgebietes, das Wachsthum der Heilkunde nach beinahe allen Richtungen, die Entstehung neuer Zweige der Naturwissenschaft, so kann man schwerlich umhin, den Scharfsinn mancher Sachverständiger zu bewundern, die Howard gegenüber Ansichten aussprachen, die man durchaus modern zu nennen versucht ist.

Ein wesentlicher Abstand jener Zeit im Vergleich zur heutigen Seuchenlehre war allerdings dadurch bedingt, daß, in Ermangelung derjenigen Beobachtungsmethoden, über welche heut zu Tage die Medicin zur Feststellung der nachweisbaren Krankheitsgebilde an den Leichen verfügt, Howard's Zeitgenossen noch außer Stand sein müssen, genau zu bestimmen, wodurch sich die damals sogenannte afrikanische oder ägyptische Beulenpest von gewissen anderen tödtlich verlaufenden Malariafiebern unterschied, ob es mehrere „Arten" von Pest nach dem Grade der Bösartigkeit gebe, wie sich die Pest zu gewissen, in mancherlei Dingen ähnlichen, Krankheitsmerkmalen des Fleckentyphus verhalte und anderes mehr. [4])

Gerade diese Umstände einer oft unsicher gebliebenen Erkennung der wirklich vorliegenden Krankheit, müssen erwogen werden, wenn man sich darüber Rechenschaft ablegt, warum nach den von Howard mitgetheilten Ziffern die Mortalitätsverhältnisse in verschiedenen Zeitperioden nicht nur mehrerer hintereinander auftretender Seuchen, sondern sogar einer und derselben Seuche so weit von einander abweichen.[5])

Ebenso erklärt sich daraus, wenigstens theilweise, daß das Heilverfahren vielmehr durch zufällige örtliche Ueberlieferungen als durch klare Principien bestimmt ward. Es scheint, daß von verständigeren Aerzten neben der Praxis der damals nur selten in ihrer Verwerflichkeit begriffenen Aderlässe[6]) in der Behandlung der Pest die Analogie der typhösen Fieber vielfach befolgt wurde: daher als Regel die Anwendung allgemein bekannter Mittel zur Bekämpfung der Fieberglut (antiphlogistische Behandlung), oder die Verabreichung fäulnißwidriger Arzneien (sog. antiseptische Behandlung) neben chirurgischen Eingriffen, zur Beschleunigung der Eiterung in den Pestbeulen oder zur Entfernung der etwa auftretenden Karbunkeln.

Howard selbst schloß sich, wie nach dem Reichthum seiner in Kerkern gesammelten Erfahrungen nicht anders zu erwarten war, Denjenigen an, die auf Herstellung reiner Luft in der Umgebung des Kranken, auf Beschaffung eines guten Trinkwassers, und angemessene Ernährungsweise größeres Gewicht legten als auf Verabreichung bestimmter Arzneien, unter denen Brech- und Abführungsmittel erklärlicher Weise die erste Rolle spielten. Schon die große Anzahl der damals in Vorschlag gebrachten Arzneien läßt einen ungünstigen Schluß auf die Wirksamkeit jeder einzelnen zu; ihre Liste erinnert uns nur zu lebhaft an die Anpreisung aller jener Getränke, die bei dem ersten Auftreten der Cholera in den heutigen Tagesblättern feil geboten werden. Nicht wenige der von Howard befragten Aerzte legten dem in starken Dosen verabreichten Chinin besondere Bedeutung bei und dieses Medicament dürfte wohl das einzige sein, das der neueren Medicin in einzelnen Pestfällen ein übrigens bescheidenes Vertrauen einflößen würde.

Einen sonderbaren Eindruck hinterläßt es auch, wenn Howard durch einen Sachverständigen erfährt, daß das religiöse Bekenntniß der Erkrankten hier und da auf die Art der Behandlung einen Einfluß übte; eine Thatsache, in der man die letzten Erinnerungen an jene Zeiten erkennen mag, in denen der Geistliche den Beruf des Arztes als den seinigen in Anspruch nahm. Sobald ein Christ erkrankte, sagt Verdoni, ißt er Caviar, Knoblauch und Schweinefleisch, trinkt Branntwein, Essig und andere, ähnliche Flüssigkeiten, um die Entwickelung der Pestbeulen, deren Auftreten als ein gutes Zeichen genommen wurde, möglichst zu befördern. Die Araber und Türken im Orient handelten wahrscheinlich vernünftiger, wenn sie zur Milch oder zu schweißtreibenden Mitteln ihre Zuflucht nahmen, jene „christliche Arznei“ verschmähten und übrigens der Empfehlungen der ältesten arabischen Aerzte gedachten, denen zu Folge das Hauptaugenmerk auf frische Luft und reines Wasser gerichtet werden sollte. In Kairo nahmen die Muhamedaner gar keine Getränke, sondern Opium, und begnügten sich mit der Anwendung des glühenden Eisens zur Zerstörung der Pestbeulen. Auch die Juden befolgten ihre eigene Regel. In Konstantinopel und Smyrna pflegten sie Citronenlimonade zu nehmen, tranken zuweilen ihren eigenen Urin und enthielten sich streng der Fleischkost.

Wichtiger als die Erinnerung an die meistentheils völlig planlosen Heilungsversuche der alten Zeit ist die Beachtung der Antworten auf Howard's erste, die ansteckende Kraft der Pest bezügliche, Frage.

Sämmtliche Gutachten stimmen darin überein, daß die Seuche

entweder nur durch unmittelbare körperliche Berührung der Pestkranken, oder außerdem durch Einathmung der sie in nächster Nähe umgebenden Luft übertragen werde. Im Einzelnen aber zeigen sich bereits die Streitfragen, die in der verschiedenartigen Bestimmung des Begriffs der „Ansteckung" ihren Grund haben, ziemlich deutlich. Einige schließen die Luft als Träger des Pestgiftes aus, andere legen der körperlichen Berührung nur eine untergeordnete Bedeutung bei. Howard selbst stellt die Einathmung der den Kranken in nächster Nähe umgebenden oder von inficirten Gegenständen ausgehenden Giftluft unter den Begriff „Contagium". Im Uebrigen hielt er auf Grund seiner eigenen Erfahrung, trotz der gegentheiligen Versicherungen Anderer, die körperliche Berührung der Kranken mit den Fingern oder der Hand für ungefährlich. Auch hielt er dafür, daß das Pestgift nur auf geringe Entfernungen von der Luft verweht werden könne. Gewiß ist, daß er auf seinen Reisen in Konstantinopel und Smyrna niemals das geringste Bedenken trug, in die gefürchtetsten, selbst von Aerzten gemiedenen, Pesthöhlen Hülfe bringend hinabzusteigen, den Puls und die Zunge Pestkranker zu untersuchen und für Reinigung der Krankenzimmer Sorge zu tragen, ohne dabei eine andere Vorsichtsmaßregel zu beobachten, als die richtige Wahrnehmung der Windrichtung, unter welcher er sich den Erkrankten näherte.

Mit Entschiedenheit mißbilligte er jedoch die theils oberflächlichen, theils leichtfertigen Versicherungen Derjenigen, die da behauptet hatten, daß staatliche Präventivmaßregeln gegen die Verbreitung der Pest, wegen angeblich geringer Wirksamkeit derselben, entbehrlich sein würden.

Als thatsächlich festgestellt konnte nach der Meinung seiner Zeitgenossen dies gelten: die orientalische Pest, auf europäischem Boden nirgends entspringend, wandert theils auf dem Seewege des mittelländischen Meeres, theils durch Rußland und Polen in die westlicher gelegenen Staaten Europa's ein. Ohne den Vorgang der Uebertragung von einem Individuum auf das andere genauer zu kennen, ist als erwiesen anzunehmen, daß das Pestgift, dessen Gefährlichkeit zu gewissen Jahreszeiten, wie bei strenger Winterkälte und in bewegter Luft geringer ist, als in feuchtwarmer stiller Luft, aber lange Zeit hindurch eine Mittheilungsfähigkeit unter geeigneten Umständen bewahrt, auch an gesundbleibenden Personen und gewissen Gegenständen des Handelsverkehrs haftet, ferner vornehmlich an solchen Örtlichkeiten Ausbreitung gewinnt, in denen eine verwahrloste, arme Bevölkerung unter Entbehrungen leben muß. [8]) Die Ausbreitung der Pest könne daher durch geeignete Vorbeugungsmittel von Seiten des Staates und durch zweckmäßiges Verhalten der bedrohten Bevölkerung verringert werden.

Für die Aufgabe des Staates und der gesetzlichen Grundlagen der öffentlichen Gesundheitspflege mußte damals wie heute eine derartige Feststellung auch als durchaus hinreichender Bestimmungsgrund gelten. Oder sollte der Staat theilnahmlos dem Fortschreiten einer Seuche, deren Keime im Verkehr verschleppt werden, so lange zuschauen, bis es der exakten wissenschaftlichen Forschung gelungen sein wird, den Hergang oder die Verbreitung in allen Einzelheiten zweifellos nachzuweisen? Howard hat niemals bezweifelt, daß die Staatsregierungen nicht blos auf der Grundlage mathematisch sicherer Beweise hin das Vorhandensein gewisser Thatsachen oder Ursächlichkeiten anzunehmen haben, sondern in weit häufigeren Fällen auf Erfahrungsangaben, auf Wahrscheinlichkeiten und starke Vermuthungen ihre Handlungen einrichten müssen, wenn es auf die Abwehr so großer, den Volksbestand bedrohenden Gefahren ankommt, wie sie die Pest in sich schließt. Aus diesem Grunde erkannte er auch bei aller Unparteilichkeit die Gründe derjenigen niemals an, welche, den vorwiegend miasmatischen Charakter des Pestgiftes behauptend, aus Rücksichten der finanziellen Sparsamkeit von der Einrichtung strenger Absperrungsanstalten abriethen.

Die gelegentliche Unwirksamkeit mancher auf Absperrung des verdächtigen Verkehrs abzielender Einrichtungen vermochte Howard nicht von deren Entbehrlichkeit zu überzeugen, vielmehr erblickte er darin nur eine Aufforderung mehr, über verbesserte und wirksamere Maßregeln nachzudenken. [7])

Unter den Veranstaltungen zur Abwehr der Pest standen zu seiner Zeit in erster Linie die Vorschriften über Sperre durch Quarantaine, denen der gesammte Verkehr mit dem Gebiete der Türkei unterworfen blieb, indem das System der Gesundheitspässe und Verdächtigkeitspatente [8]) eine Unterscheidung begründete, der gemäß die einzelnen Schiffe und deren Ladung bei ihrer Ankunft in den Hafen der seefahrenden Staaten zu behandeln waren. Die herrschende Annahme war in Gemäßheit alter Ueberlieferungen diese: daß im Luftraum der Pestkeim seine Ansteckungsgefahr spätestens nach Ablauf von vierzig oder zweiundvierzig Tagen verliere. Personal der Schiffsmannschaft, Passagiere und alle mit ihnen in Berührung gekommenen Personen blieben daher meistentheils vierzig oder zweiundvierzig Tage lang, bevor sie landen durften, in gewissen eigens zu diesem Zweck hergerichteten, vom Verkehr thunlichst entlegenen und nach ihrer Oertlichkeit leicht zu überwachenden Gebäulichkeiten einer gesundheitspolizeilichen Untersuchungshaft unterworfen. Gleichzeitig waren die davon betroffenen Schiffe, deren Ladung nicht völlig unverfänglich erschien, der Entfrachtung unterworfen, wobei gewisse Waaren einer regelmäßigen Lüftung unterzogen werden mußten.

Howard bezeichnete unter den von ihm besuchten Quarantaineanstalten und Pesthäusern, diejenigen von Livorno, die im Jahre 1778 errichtet worden waren, als die besten und zweckmäßigsten. Derselbe Fürst des lothringischen Herrscherhauses, der 1786 in Toscana zuerst die Todesstrafe abzuschaffen den Muth besaß, hatte auch dafür Sorge getragen, vor Erlaß der 1785 erschienenen „Gesundheitsverordnungen" (Ordini di Sanità) den Stand der damaligen ärztlichen Erfahrungen durch einen in die Levante entsendeten Arzt genauer feststellen zu lassen.

Von Alters her erfreuten sich jedoch die Sicherheitsanstalten der Republik Venedig des größten Ansehens. Diese waren es, denen häufigste Nachahmung zu Theil wurde. Eine Erfahrung von drei Jahrhunderten stand ihnen damals zur Seite. Seit dem Erscheinen der Türken in Constantinopel hatten die Venetianer in Krieg und Frieden die mannigfachsten Berührungen mit ihnen gehabt. Noch im siebzehnten Jahrhundert war der levantinische Handel der Republik blühend. Die Vorsorge gegen die Pest gehörte daher zu den wichtigsten Staatsangelegenheiten, denen eine ständige Aufmerksamkeit zu widmen war.

Um sich damit bekannt zu machen, hatte sich Howard auf seiner großen orientalischen Forschungsreise eines sonderbaren Verfahrens bedient. Er hatte sich in Smyrna an Bord eines für verdächtig erklärten Kauffahrteischiffes begeben, in der Absicht, bei seiner Ankunft in Venedig dem damals vorgeschriebenen Verfahren unterworfen zu werden.

Einige Stellen aus Howard's Schilderung, die überaus anschaulich ist, mögen hier einen Platz finden:

„Nachdem unser Schiff durch ein Lootsenboot an den geeigneten Ankerplatz geleitet worden war, sah ich einen vom Gesundheitsamte entsendeten Boten beim Schiffscapitain eintreffen. Am folgenden Tage kam ein Bote in einer Gondel, um mich in das neue Lazareth zu führen. Man führte mich mit meinem Gepäck in einem Kahn, der durch ein Tau von zehn Fuß Länge mit einem andern Bote verbunden war, in dem sich sechs Ruderer befanden; als ich am Ausschiffungsplatze angelangt war, löste man das Tau los und mein Kahn ward mit dem Ende einer Stange gegen das Ufer geschoben, wo mir eine Person entgegenkam und mir meldete, daß sie amtlichen Befehl erhalten habe, mir als Wächter zu dienen."

„Sobald mein Reisegepäck ausgeschifft war, kam mir ein höherer Beamter entgegen und zeigte mir mein Quartier, das aus einem sehr unreinlichen Zimmer ohne Stuhl, Bett oder Tisch, aber von Ungeziefer wimmelnd, bestand. Ich verwendete den ganzen Tag und den nächsten Vormittag über eine Person, um mein Zimmer auszuwaschen, aber diese Vorsichtsmaßregel genügte nicht, um den üblen Geruch zu beseitigen und mir die Kopfschmerzen zu ersparen, von denen ich stets zu leiden hatte, wenn ich die Pesthäuser und einige Hospitäler der Türkei besuchte. Benanntes Lazareth ist vorzugsweise für die Türken bestimmt, oder für Soldaten und Mannschaften solcher Fahrzeuge, die die Pest an Bord hatten. In einer dieser Räumlichkeiten befand sich die Besatzung eines Schiffes aus Ragusa, das aus Ancona und Triest fortgetrieben worden war."

„Mein Wächter schickte seinen Bericht über meinen Gesundheitszustand ein und auf Verwendung unseres Consuls ward ich in das alte Lazareth übergeführt, das der Stadt näher gelegen ist. Da ich für dessen Vorsteher einen Empfehlungsbrief vom französischen Botschafter in Constantinopel besaß, hatte ich gehofft, eine angenehme Wohnung zu erhalten, aber ich fand mich in meinen Erwartungen getäuscht. Die Räume, die man mir anwies, bestanden in einem oberen und unteren Zimmer, beide nicht weniger unerträglich und stinkend als mein erstes Quartier.

Ich zog es vor in dem niederen Zimmer auf dem mit Mauersteinen gepflasterten Boden fast gänzlich vom Wasser umgeben, meine Schlafstelle zu nehmen. Nach Ablauf von sechs Tagen ließ mich der Vorsteher jedoch in ein erträglicheres, aus vier Zimmern bestehendes, Quartier versetzen; dasselbe hatte eine sehr erfrischende Aussicht, aber die Räume waren nicht meublirt, sie waren vielmehr unsauber und ebenso ungesund, wie die schlimmsten Säle in den allerschlechtesten Hospitälern. Die Wände meines Zimmers waren vielleicht seit einem halben Jahrhundert nicht gewaschen, sie waren von Ansteckungsstoff gesättigt. Ich ließ sie mehrmals mit Kalkwasser abwaschen, um den Gestank zu vertreiben, mit dem sie erfüllt waren. Alles dies jedoch war vergebens. Ich verlor den Appetit und schloß daraus, daß ich in Gefahr war, ein langsam zehrendes Lazarethfieber zu erwerben. Ich verlangte, daß mein Zimmer mit ungelöschtem Kalk und Wasser abgewaschen werden möchte. Heftige Vorurtheile standen meinem Verlangen entgegen. Es gelang mir jedoch mit Hülfe des englischen Consuls, der mir den erforderlichen Kalk verschaffte, zum Ziele zu gelangen. Alsbald wurde mein Zimmer so sehr aufgefrischt und die Luft so sehr gereinigt, daß ich wieder meinen Nachmittagsthee nehmen und die Nacht schlafen konnte. Am andern Tage waren die Mauern bereits völlig ausgetrocknet und geruchlos und nach Verlauf einiger weiterer Tage hatte ich meine Gesundheit wiedererlangt. Mit Aufwendung einer sehr geringen Summe und zum Erstaunen der übrigen Lazarethbewohner gewann ich für mich und meine Nachfolger ein angenehmes und gesundes Zimmer an Stelle eines unreinlichen und sehr ansteckungsgefährlichen."

„Vor den Thüren der beiden großen Zimmer sah man in Stein gemeißelt die Züge des heiligen Sebastian, des heiligen Marcus und des heiligen Rochus, die als Schutzpatrone solcher

Lazarethhäuser gelten. Früher verbrachte man die von der Pest ergriffenen Stadtkranken in diese Zimmer zum Zweck eines vierzig tägigen Aufenthalts und ließ diese für dieselbe Zeitdauer in einem anderen Zimmer weilen, bevor man ihnen einen Gesundheitspaß verabfolgte."

„Die Mehrzahl der Fenster in diesen Zimmern und in einigen älteren Pesthäusern sind gegenwärtig mit Ziegeln vermauert, wodurch dargethan wird, daß im vorigen Jahrhundert die Aerzte die Wichtigkeit der Lufterneuerung und des freien Luftzuges in den Krankenzimmern wohl gekannt haben. Eine völlig verschiedene Methode ist seitdem von den Aerzten angenommen worden. Es scheint jedoch, als ob wir gegenwärtig zu der älteren, weit aus gesunderen Praxis zurückkehren sollten. Wahrscheinlich kannte man in älterer Zeit auch nicht die gegenwärtig gangbaren schlimmen Vorurtheile gegen die Waschungen von kranken Personen oder verunreinigter Zimmer. Denn gerade in den alten Pesthäusern bemerkte ich, daß größere Aufmerksamkeit auf die Herbeischaffung reichlichen Wasserzuflusses verwendet wurde als in der Mehrzahl der Hospitäler, die seit funfzig Jahren erbaut worden sind."

Uebrigens war das Verfahren für die Abhaltung der Quarantaine in allen Einzelheiten durch genaue Vorschriften geregelt und durch Strafgesetze gesichert, deren Uebertretung in gewissen Fällen durch die Todesstrafe geahndet werden sollte. Geregelt war das Anmeldeverfahren für einlaufende Schiffe zum Zwecke der Prüfung der vorhandenen Gesundheitsatteste, ohne Rücksicht worauf übrigens in Venedig alle aus türkischen Gebietstheilen oder andern ihnen benachbarten Häfen einlaufenden Schiffe einer Quarantaine unterworfen wurden. Geregelt war die Ueberwachung der Lazarethe durch den Vorstand, der in eigener Person bei Sonnen-Auf- und Untergang sämmtliche Thüren zu eröffnen oder zu schließen hatte und, mit einem langen Stabe in der Hand, die Annährung verdächtiger Personen sich abzuwehren hatte, wenn er nicht selbst der Quarantaine verfallen wollte. Geregelt war das Gebührenwesen der Wächter, die von Staatswegen bezahlt waren, zur Vermeidung jeglicher Uebervortheilung Anderer; geregelt der Verkehr der Abgesperrten mit bestimmt bezeichneten Marketendern, die Lebensmittel zuführten und ihre Körbe an langen Stangen den Abnehmern überlieferten und die Bezahlung erst dann in Empfang nehmen durften, wenn die Geldstücke vorher in Weinessig eingetaucht worden waren; geregelt das Beerdigungswesen und jedes irgendwie denkbare Vorkommniß, vor allen andern Dingen aber die Behandlung der Schiffsladungen.

Wie das Seekriegsrecht des siebzehnten Jahrhunderts eine Reihe von Handelsartikeln unter dem Titel der Kontrebande aus dem Verkehr der Neutralen mit den Kriegführenden gewaltsam zu verdrängen suchte, so hatte eine mißtrauische Gesundheitspolizei auch den Vertrieb verdächtiger Artikel in der Annahme der Pestgefährlichkeit auf das Aeußerste eingeschränkt, wobei anerkannt werden mag, daß es, vom Standpunkt der venetianischen Handelspolitik aus betrachtet, immerhin lobenswerth erschien, wenn die kaufmännischen Erwerbsinteressen dem Schutz von Leben und Gesundheit grundsätzlich untergeordnet wurden.

Das Verfahren in der Behandlung der Waaren gründete sich auf eine erfahrungsmäßig angenommene größere oder geringere Gefährlichkeit in der Verschleppung der Pest und bestand demgemäß entweder in einer längere Zeit hindurch fortgesetzten Lüftung und Umpackung, oder in einfacher Lagerung unter Ventilation der Lagerräume.

Die Erfahrungen der neuesten Zeit lehren, daß man diesen Ueberlieferungen in allen Hauptpunkten getreu blieb, wo es sich um die Abwehr der Pest handelte.

Als höchst gefährlich galten demgemäß: Wolle, die aus ihrer Verpackung gänzlich herauszunehmen und in Haufen von höchstens vier Fuß aufzuschichten war, um täglich zweimal umgeschüttelt und von ihrem Platze entfernt zu werden, Seide, Federn, rohe Baumwolle, Kameelhaare, Filz, Pelzwerk, Tuch und Leinwand, sowie alle in eine derartige Umhüllung verpackten Gegenstände, mit Ausnahme etwa der Rosinen und Korinthen, deren theilweise Verdunstung, wie man damals glaubte, als eine Art der Desinfektion wirkte. Als in hohem Maße verdächtig galten auch Tabak, obwohl einige Aerzte auch ihn zu den Abwehrmitteln gegen die Pest rechneten und das Rauchen dringend anempfahlen, Thierhäute, Wachs, Schwämme und Kerzen, mit Rücksicht auf den darin enthaltenen Baumwollendocht. Freigegeben waren im unverpackten Zustande nur Getreide, Salz, Leinsaamen, Sämereien, Wein, Marmor, Mineralien, Farbstoffe, Hölz, Elfenbein, Sand und einige andere Artikel.

Howard's Urtheil über die venetianischen Einrichtungen, die er unter Preisgebung seines Lebens erforscht hatte, lautet im Großen und Ganzen entschieden ungünstig. Er sagt darüber:

„Die Verordnungen, die in den venetianischen Quarantaineanstalten beobachtet werden sollen, sind weise und gut. Gegenwärtig aber findet man in fast allen Anstalten der Gesundheitspflege, die ich Gelegenheit zu beobachten hatte, so viel Nachlässigkeit in der Ausführung jener Vorschriften, soviel Bestechlichkeit unter den leitenden Personen, daß die Quarantaine beinahe nutzlos geworden ist und die Lazarethe zu nichts Anderm dienlich sind, als zur Besoldung von Beamten und dienstuntauglicher Personen."

Vielleicht lautet dieses Urtheil noch zu milde. Nach der Beschreibung, die Howard selbst von seinen venetianischen Krankenzimmern gegeben hat, würde man ihn kaum tadeln können, wenn er behauptet hätte, daß man die Quarantaineanstalten der damaligen Zeit Brutnester ansteckender Krankheiten mit demselben Rechte nennen konnte, mit dem er selber die englischen Gefängnisse seiner Zeit als Schulen des Verbrechens und der Verderbniß geschildert hatte.

Von besonderer Bedeutung erscheint das über Venedig gefällte Verdammungsurtheil aus zwei Gründen. Einmal war in Beziehung auf die in Betracht kommenden Oertlichkeiten keine Seestadt geographisch so sehr bevorzugt, wie die Lagunenstadt, die ihre Quarantaineanstalten in der Entfernung mehrerer italienischer Meilen auf leicht zu überwachenden Inseln eingerichtet und außerdem noch mit hohen Mauern abgeschlossen hatte, so daß jede Uebertretung der bestehenden Vorschriften besser controlirt werden konnte, als anderswo.

Sodann besaß Venedig eine Einrichtung, die noch heut zu Tage die Aufmerksamkeit aller derjenigen verdient, die der öffentlichen Gesundheitspflege ihre Aufmerksamkeit zuwenden. Erwägt man, daß Venedig nach seiner Verfassung eine gleichsam centrale Stellung einnahm im Vergleich zu seinen festländischen Besitzungen, die sich einer größeren Selbständigkeit in ihrer Verwaltung erfreuten, so wäre sogar die Andeutung erlaubt, daß zusammengesetzte Staaten nach dem Muster der neueren Bundesstaaten Anlaß haben könnten, mit der Geschichte dieser Einrichtung sich vertraut zu machen.

Während einer ungewöhnlich heftigen Pestepidemie war um die Mitte des 15. Jahrhunders in Venedig durch Dekret des Senats ein Gesundheitsrath geschaffen und in seiner Zuständigkeit nach und nach weiter ausgebildet worden, so daß seine Verfassung in allen ihren Einzelheiten vielen Berichterstattern mustergültig erscheinen. Diese Behörde war mit allen wesentlichen Attributen der vollziehenden Gewalt ausgestattet, sie hatte in bürgerlichen Processen und in Strafsachen eine weitgehende sachliche und persönliche Zuständigkeit und ward von den angesehensten, reichsten, unbestechlichsten, erfahrensten Bürgern der Republik als ein Ehrenamt und eine Durchgangsstelle zu höheren Staatsämtern verwaltet. Geleitet war das Collegium durch drei alljährlich vom Staat erwählte Commissarien. Mit und neben ihnen amtiren zwei Hülfsbeamte und zwei außerordentliche Commissarien, welche letztere die Protocolle an Bord der einlaufenden Schiffe führen, außerdem in schwierigen und schleunigen Fällen sofort einschreiten konnten. Wenn die sieben zur Behörde gehörigen Personen versammelt sind, bilden sie einen ordnungsmäßig besetzten Gerichtshof, der in allen Angelegenheiten der öffentlichen Gesundheitspflege urtheilt.

Alle Verordnungen, die nicht etwa der gesetzgebenden Gewalt der Republik vorbehalten sind, gehen von dem Gesundheitsrath aus. Er besitzt ein subalternes, vom Staat besoldetes Personal von Schreibern, die gleichsam das sachverständige Element darstellen, daher auf Lebenszeit oder auf die Dauer guten Verhaltens ernannt werden. Beigegeben ist ihm ferner als Secretär ein rechtsverständiger Notar und ein fiskalischer Advokat, letzterer vorwiegend für die Untersuchung der dem Staate zukommenden Strafgefälle und Bußen. Die Prioren, d. h. die Vorsteher der Krankenhäuser, sind dem Gesundheitsrath untergeben, desgleichen die über das Stadtgebiet verbreiteten Aufsichtsbeamten der öffentlichen Gesundheitspflege, die den Verkauf der Lebensmittel, das Marktwesen und anderes mehr zu überwachen, auch regelmäßig über alle Wahrnehmungen zu berichten haben, die die öffentliche Gesundheitspflege irgendwie angehen. Dasselbe Personal hat auch auf das Bettlerwesen zu achten, insofern aus Verwahrlosung in den ärmsten und bedürftigsten Schichten ansteckende Krankheiten entstehen oder befördert werden können; es führt genaue Sterberegister mit der Verflichtung, bei allen plötzlich vorkommenden, hinsichtlich der Ursache verdächtigen, Todesfällen sorgfältige Nachforschungen anzustellen, zu welchem Zwecke dem Gesundheitsrath ein Arzt und und ein Chirurgus besonders beigegeben sind. Außerhalb der Stadt Venedig bestand in jeder größeren Stadt des venetianischen Landgebiets, deren Handel einigermaßen Bedeutung besaß, eine nach denselben Gesichtspunkten eingerichtete Gesundheitsbehörde, die mit solchen Personen besetzt sein mußte, deren Unabhängigkeit außer Zweifel stand, weil sie an Handelsgeschäften persönlich nicht betheiligt sein durften, und aus städtischen Mitteln keine Besoldung empfingen. Alle diese localen Behörden waren dem Gesundheitsrathe der Stadt Venedig untergeben.

Auffallend darf es genannt werden, daß in dieser Einrichtung der venetianischen Republick mancherlei Grundgedanken frühzeitig verwirklicht wurden, die die neuere Staatswissenschaft nicht selten als englische Vorbilder betrachtet hat. Insbesondere ist dabei eigenthümlich, daß man an der Spitze einer so machtvollen Behörde den Gedanken der ehrenamtlichen Selbstverwaltung in der Weise verwirklichte, daß man das sachverständige, technisch-berufsmäßige und besoldete Beamtenpersonal in eine untergebene Stellung versetzte, wie dies noch heute vielfach in der englischen Grafschaftsverwaltung üblich ist, dagegen die volle Verantwortlichkeit der oberen Leitung nur solchen Männern vertraute, die durch ihre bürgerliche Stellung, durch Unbefangenheit und die Weite eines politisch gereiften Blickes die Bürgschaften darzubieten schienen, daß sie sich in der Verfolgung ihrer Zwecke frei halten würden von jeder Einseitigkeit, die manchen Fachmännern eigen ist, indem sie wissenschaftliche Theorien, oder persönliche Ansichten als Staatsangelegenheiten behandeln, sobald ihnen die Macht des Amtes gegeben wird.

Auch anderwärts hatte die Pestnoth dazu gedrängt, Gesundheitsbehörden mit außerordentlichen Machtvollkommenheiten zu schaffen. Sobald die Seuche erloschen war, pflegte man aber die Lehren der Vergangenheit nur zu leicht zu vergessen. Wahrscheinlich war es auch das venetianische Muster, das Mead vorschwebte, als er 1720 seine berühmte vielfach aufgelegte, noch 1801 ins Französische übersetzte Schrift auf Veranlassung des englischen Parlaments abfaßte. Er rechnet zu den wirksamsten Vorbedingungen erfolgreicher Bekämpfung der Pest die Einrichtung eines Gesundheitsrathes nach dem Grundsatze der Unterordnung örtlicher Behörden unter eine höchste Reichsstelle. Er sagt darüber Folgendes:

„Ich glaube, daß man in allererster Linie einen Gesundheitsrath bilden muß, zusammengesetzt aus den höchsten Staatsbeamten, aus städtischen Beisitzern und zwei oder drei Aerzten; diesem Rathe wäre ausreichende Machtvollkommenheit zu gewähren, um mit Billigkeit und Gerechtigkeit die von ihm ausgegangenen Befehle vollstrecken zu lassen. Die Obsorge für rechtzeitige Erkennung der in jeder Pfarrei auftretenden Erkrankungen müßte fernerhin nicht alten unwissenden Weibern, wie bisher, überlassen bleiben, sondern Männern von erprobter Zuverlässigkeit und Geschicklichkeit. Ihre Pflicht wäre, die Kranken zu besuchen, und sobald sie irgend welches ungewöhnliche Krankheitszeichen bemerken, namentlich in Fällen blasser Flecken, von Eiterbeulen oder Karbunkeln, sofort dem Gesundheitsrath Bericht zu erstatten, welcher alsdann Aerzte absenden wird, um verdächtige Leichen zu prüfen, und die nahe belegenen Häuser zu besuchen, namentlich in Fällen, in denen die Insassen unvermögend sind, weil hier die Pest am leichtesten entsteht. Wenn auf Grund ihres Berichtes das Vorhandensein von Pest anerkannt ist, muß man sofort die Entfernung der angesteckten Familie anordnen und den Verkehr der Gesunden mit den Kranken abschneiden."

Trotz des Bestehens einer mit wirksamer Machtvollkommenkeit ausgerüsteten Gesundheitsbehörde und trotz der günstigen geographischen Verhältnisse hatte Howard die Pestsperre in Venedig durchaus unwirksam oder geradezu gefährlich gefunden. Der augenscheinliche Verfall, in dem die Republik seit Menschenaltern dahinsiechte, hatte offenbar alle ihre Einrichtungen ergriffen. Ein bestechliches Beamtenthum setzte die bestehenden Regeln einfach außer Augen. Howard selbst überzeugte sich, indem er Geldgeschenke verabreichte, daß das Verbot, Geldvortheile anzunehmen, nicht mehr beachtet wurde.

Es wäre begreiflich gewesen, wenn Howard, der der festen Ansicht war, daß das Pestgift nicht durch körperliche Berührung von den Hautporen aufgenommen, sondern nur durch Einimpfung oder Einathmung übertragen werden könne und überdies sogar die Leichen der Verpesteten nach eingetretener Erstarrung für gefahrlos hielt, Angesichts der in Venedig gemachten Erfahrungen, zu einem Gegner der Quarantaineanstalten geworden wäre. Er war indessen zu gewissenhaft, um sich den leichtfertigen Schlußfolgerungen derjenigen anzuschließen, die in allen Fällen eine Quarantaine nur aus dem Grunde für unentbehrlich hielten, weil ein absoluter Schutz vermittelst derselben nicht erreicht worden war. In starken Worten strafte er diejenigen, die aus Gründen der Sparsamkeit oder in der leichtfertigen Bestreitung der Uebertragbarkeit der Pest dazu riethen, von Maßregeln der Sperre abzusehen und es den Einzelnen anheimzugeben, sich durch ein passendes Verhalten, durch den Genuß von gutem Wein, durch Rauchtabak, durch Aufheiterung ihres Gemüths, durch rechtzeitige Flucht oder andere, damals empfohlene, Mittel in Sicherheit zu bringen. Die große Mehrzahl der ärztlichen Sachverständigen stand zu Howard's Zeiten unter dem Eindruck der

Ereignisse, die sich zu Anfang des 18. Jahrhunderts in Marseille zugetragen hatten und zu beweisen schienen, was einerseits die Verabsäumung von Vorsichtsmaßregeln auf Seiten der Behörde verschulden, andererseits die Anwendung einer, wenn auch verspäteten, Sperre nützen kann.

Howard war also darauf bedacht, unter Anerkennung der Nothwendigkeit, die Einschleppung der Pest von Staatswegen zu verhindern oder doch zu erschweren, seine Vorschläge den Bedürfnissen seiner Zeit und den Verhältnissen seines Vaterlandes anzupassen.

Seine Vorschläge, die sich auf die Einrichtung eines Pestlazareths an der englischen Südküste beziehen, haben heute unter völlig veränderten Umständen nur noch ein sehr untergeordnetes Interesse. Man thut Howard kein Unrecht, wenn man sie in der Hauptsache veraltet nennt. Niemand würde heute daran denken, den von ihm entworfenen Plan anzuempfehlen. Immerhin aber verdienen manche von ihm gegebenen Winke doch beachtet zu werden.

An Stelle der hergebrachten Zeitdauer der Quarantaine empfahl er deren Abkürzung gerade aus dem Gesichtspunkte der strengeren, thatkräftigeren Durchführung. Ebenso war von ihm nichts anderes zu erwarten, als daß er in den Anstalten der Absperrung die vollsten Bürgschaften der Gesundheitspflege durchgeführt wissen wollte, um den Einzelnen vor demselben Schicksal der Erkrankung zu bewahren, dem er selber mit genauer Noth in Venedig entronnen war.

Howard selbst hat sicherlich gefühlt, daß, schriftstellerisch genommen, seine Arbeit nicht vollständig war und einer Ergänzung bedurfte. Neben seinem unbezähmbaren Triebe, der Menschheit nützlich zu sein, mag er auch das Bedürfniß weiterer Aufklärung empfunden haben, als er sich zu seiner letzten großen, russischen

Reise anschickte, von der er nicht wieder heimkehren sollte. — Seine Darstellung der Südeuropäischen Lazareth-Einrichtungen behandelte, nach der Natur der von ihm durchforschten Länder,* nur die bequemere, übersichtlichere und einfachere Form der Seesperre in den Hafenstädten.

Einige derselben hatten sich die Aufgabe wesentlich dadurch erleichtert, daß sie inficirte oder stark verdächtige Schiffe überhaupt nicht landen ließen, sondern bei versuchter Annäherung einfach verjagten.

Ungleich schwieriger, als zur See, ist die Handhabung der Quarantainevorschriften im Binnenverkehr oder an Landgrenzen. Oesterreich und Rußland befanden sich, ihrem türkischem Nachbar gegenüber, in einer wesentlich andern Lage, als Venedig und sogar Marseille, wo alle französischen Importe aus der Levante ausnahmslos und unter Ausschluß der atlantischen Häfen zu landen waren. Ueber die voraussichtliche Wirksamkeit der Landsperre Aufklärung durch einen so gewissenhaften Forscher wie Howard zu erlangen, wäre von besonderer Wichtigkeit gewesen, zumal gerade auf diesem Gebiete die Beobachtungen mangelten, während bezüglich der Quarantainemaßregeln in Süd-Europa eine Reihe von werthvollen Vorarbeiten vorzugsweise durch Italien und Frankreich geliefert worden war.

Eine zweite, auf die Bekämpfung der Pest bezügliche Hauptfrage wäre diese gewesen: Wenn die einmal dem ausländischen Handelsverkehr gegenüber gehandhabte Sperre umgangen war, oder aus irgend einem Grunde die Pest die Landesgränze überschritten hat — welche weiteren Maßregeln der Abwehr sind alsdann zu ergreifen? Sind dieselben Maßregeln der Sperre von Ort zu Ort, von Weg zu Weg, von Stadt zu Stadt, von Haus zu Haus einfach zu wiederholen? Welche Unterschiede ergeben sich hier aus der alsdann eintretenden Vervielfältigung der Aufgabe?

Wie verhält sich der Wirkungskreis der Staatsgewalt zu derjenigen der Gemeinde? Welche Schranken ergeben sich für die Gesundheitspolizei aus den Rechten des Staatsbürgers, aus dem Conflikte zwischen den Wohlfahrtszwecken der Gesellschaft und den anerkannten Rechten der Einzelnen?

Daß diese Fragen nicht blos für die Mitteleuropäischen Binnenstaaten, sondern schlechthin die wichtigeren sind im Vergleich zu der Seesperre, konnte Howard nicht übersehen. Er war sich darüber vollkommen klar daß eine Anempfehlung der Quarantaine gegen das Ausland niemals gleichbedeutend sein konnte mit einem Versprechen vollkommener Sicherheit gegen die Pest, und daß der Fall einer unwirksam gebliebenen Verkehrssperre nothwendig vorausgesehen werden muß.

Nur wenige Andeutungen lassen in Howard's Schrift über die Lazarethe darauf schließen, daß er in der Hauptsache mit den einsichtigen Rathschlägen einverstanden war, die sechszig Jahre früher von seinem Landsmann Mead ertheilt worden waren. Ein Mann, der das Gift des moralischen Contagiums in den englischen Grafschaftsgefängnissen erkannt und die Bedeutung der Absonderung der Gefangenen von ihresgleichen richtig gewürdigt hatte, konnte unmöglich der thörichten Meinung huldigen, daß man nach dem Auftreten eines Pestfalles in den Städten die Kranken nebst ihren Angehörigen, in ihren Wohnungen gleichsam zu vernageln habe, um die Intensität des Giftes zu steigern und die Gesunden durch Anwendung von Gewalt in künstlich geschaffenen Pesthöhlen umkommen zu lassen. Schon aus Gründen ächter Menschenliebe konnte Howard keine wesentlich andere Meinung haben, als Mead, der da lehrte: „Das natürliche Recht des Menschen, sich einer Lebensgefahr durch Flucht zu entziehen, darf durch den Staat, durch Einsperrung in Zeiten der Pest, nicht vernichtet werden. Alsbald nach gemeldeter Erkrankung sind die

Kranken nicht in ihren Häusern zu belassen, sondern sofort in passend eingerichtete Anstalten zur Heilung zu bringen. Ihre Hausgenossen sind außerhalb der Städte oder Dörfer in gut ventilirten Zellen unterzubringen und dort, abgesondert vom Verkehr mit unverdächtigen Personen, eine Zeit lang zu beobachten. Jede Härte gegen die der Pest verdächtigen Personen steigert nur die Gefahr der Verheimlichung, während auf rechtzeitige Entdeckung der ersten Fälle Alles ankommt. Die Gebrauchs-Gegenstände, Kleidungsstücke u. s. w., die mit Pestkranken in Berührung standen, sind am besten durch Feuer zu vernichten. Um der Habsucht, die solche Dinge gern aufbewahrt, wirksam zu begegnen, empfiehlt sich Entschädigung aus öffentlichen Mitteln für die obrigkeitliche Vernichtung pestgefährlichen Privateigenthums. Kleinere Ortschaften sollen im weiteren Umkreise abgesperrt, einzelne Gehöfte, in denen Pestfälle vorkommen, niedergebrannt werden. Unter keinen Umständen darf die Seuche in enge Räumlichkeiten gewaltsam eingeschlossen werden."

Vergleichen wir unsere heutigen Kulturzustände mit denjenigen, die zu Howard's Zeiten gegen Ende des vorigen Jahrhunderts vorhanden waren, um zu ermitteln, welche Rathschläge und Erfahrungen früherer Zeiten zur Bekämpfung der Pest für uns brauchbar, welche andern als veraltet zurückzuweisen sind, so läßt sich nicht verkennen, daß in wichtigen Punkten die uns umgebenden Verhältnisse gänzlich verändert worden sind. Immerhin aber haben wir, in Ermangelung zureichender Erfahrungen innerhalb des heut lebenden Geschlechts, alle Veranlassung, die besseren, auf die Geschichte der Pest bezüglichen Schriften, zu denen Howard's Artikel zu rechnen sein dürfte, aufmerksam zu durchforschen und ihren Inhalt mit den Beobachtungen zu vergleichen, die die neuere Wissenschaft über andere Seuchen, insbesondere über den Typhus und die Cholera anzustellen bemüht war. Was insbesondere die Cholera anbelangt, deren Ursprungsstätte gleichfalls dem Orient angehört, so ergiebt sich hinsichtlich der Art der Verschleppung und Uebertragung von Ort zu Ort eine Reihe kaum abzuweisender Analogien.

Die hauptsächlichsten Schwierigkeiten, die einer Nachahmung der alten Pestsperre gegenwärtig im Wege zu stehen scheinen, dürften in folgenden Umständen geboten sein:

Der Handelsverkehr zwischen den abendländischen Staaten und der orientalischen Welt und die Bewegungen des Personenzugs von Osten nach Westen und umgekehrt hat eine Ausdehnung gewonnen, die jeder Vergleichung mit dem vorigen Jahrhundert spottet. Insbesondere muß auch die Herstellung des alten Handelswegs nach Ostindien vermittelst der Durchstechung der Landenge von Suez dabei veranschlagt werden. An Stelle der alten Segelschiffe, die nach längerer Seefahrt wenigstens zwischen mittelländischen Häfen und nordischen Handelsplätzen einige Vermuthungen der Unverdächtigkeit für sich hatten, sind schnell laufende Dampfer getreten, die an zahlreichen Zwischenstationen ihre Passagire wechseln. Rußland, ein kaum zu überschauendes Verbindungsglied zwischen Abend- und Morgenland, hat seine Grenzen nicht nur gegen West-Europa vorgeschoben, sondern sich auch, was noch bedeutsamer ist, den alten Grenzstätten der Pest in Asien durch seine Eroberungen fort und fort angenährt. Die Bedeutung seines Handels, der auf großartigen Schienenwegen, zwischen den Ufern der Newa und der Weichsel einerseits und den Gestaden des schwarzen Meeres und den transkaukasischen Besitzungen dahinrollt, steigert die Gefährlichkeit der Landwege für Pest und Cholera vorzugsweise im Hinblick auf Deutschland und Oesterreich. Unsere mittleren und größeren Städte, die Sammelpunkte einer nicht nur zahlreichen, sondern zum großen Theil leider! auch darbenden und nothleidenden Bevölkerung, haben eine Ausdehnung gewonnen, die eine Anwendung der alten Pestsperre auf große Binnenstädte undenkbar erscheinen lassen muß. Mit der Anhäufung einer ungeheuren Bevölkerungsziffer in den modernen Industriestädten hat meistentheils die Besserung der Wohnungsverhältnisse, der öffentlichen Reinigung und der Volksernährung keineswegs gleichen Schritt gehalten und es möchte in den Augen mancher Beobachter der Zweifel wohl berechtigt erscheinen, ob in den niederen Bevölkerungsschichten mancher Europäischer Industriestädte, besonders zu Zeiten ungewöhnlicher wirthschaftlicher Noth, die mörderische Kraft der Pest nicht größer sein möchte, als in orientalischen Hafenstädten.

Auf der andern Seite stehen aber auch die erheblichen Gegenanzeigen, die uns vor übertriebener Furcht warnen.

Es ist unmöglich, daß die Pest gegenwärtig weite Strecken Landes durchwandert, ehe sie bemerkt und erkannt wird. Weil sie sich von ihren ehemaligen Schleichwegen zu den größeren Verkehrsstraßen hinwendet, unterliegt sie, überall wo sie betroffen wird, der Wahrscheinlichkeit sofortiger Entdeckung. Obwohl sie uns schneller erreichen kann, als ehemals, sind wir dennoch besser darauf vorbereitet, sie in gebührender Weise abzuwehren, oder, wo das unmöglich sein sollte, einzuschränken und zu bekämpfen. Bevor der Güterzug, der verpestete Waaren fortschleppt, in einen Eisenbahnhof einläuft, ist ihm ein telegraphischer Funke vorausgeeilt, der das Ergebniß sorgfältiger Erkundigungen übermittelt. Ganz Europa steht unter der Polizeiaufsicht einer Alles beobachtenden Presse, die auch das entfernte Gerücht verzeichnet und zu sofortigen Aufklärungsversuchen anregt. Selbst säumige Regierungen stehen unter dem Einfluß der öffentlichen Meinung, die Schutz für Leben und Gesundheit gebieterisch verlangt. Gesteigert ist das Gefühl der Verantwortlichkeit in dem Beamtenthum gegenüber den staatsbürgerlichen Rechten. Nach gleichmäßiggehandhabten Methoden beobachtet die moderne Natnrwissenschaft in allen Kulturstaaten die gleichen Vorkommnisse. Neue Gesichtspunkte sind für die Beurtheilung der Volksseuchen gewonnen. Die Bodenverhältnisse menschlicher Wohnstätten, die man vor hundert Jahren noch unbeachtet ließ, sind in ihrer Bedeutung gewürdigt und als ein Factor der Gesundheitspflege erkannt. Durch das Mikroskop, das die kleinsten Dinge tausendfach vergrößert und die chemische Retorte, welche Stoffe zerlegt, ist zwar über den Ursprung der Volksseuchen noch nichts entschieden, aber mancher Irrthum zerstreut, der zu fehlerhaften Maßregeln der Regierung den Anlaß bot. Wenn auch nicht ausgerottet und immer noch erheblich, ist wenigstens in den mittleren Schichten unserer Bevölkerung jener Aberglaube verringert, der der Pest Vorschub leistete. Selbst das Wachsthum der politischen Freiheiten ist nicht zu unterschätzen. Konnten die absoluten Monarchen auf dem Continente Europas vor hundert Jahren, ohne irgendwelche Scheu vor moralischer Verantwortlichkeit, schneller dekretiren, rücksichtsloser befehlen und willkürlich strafen, so vermochten sie doch weniger durchzusetzen, als die Staatsmänner eines freien Gemeinwesens, deren Maßnahmen sachverständig vorbereitet, sorgfältiger erwogen und von der freiwilligen Unterstützung gemeinsinniger Bevölkerungsschichten nachhaltiger gekräftigt sind. Die ungeheuren Machtmittel, die in Gestalt unserer stehenden Armeen aufgesammelt sind und in einem Kriegsfalle das menschliche Leben vermöge der Verfeinerung ihrer Zerstörungsmittel mit massenhafter Vernichtung bedrohen, könnten möglicherweise zu Anstalten der Lebensrettung umgewandelt werden, wenn sie der heranrückenden Seuche als Sperre entgegengestellt werden. Mit ihrer planmäßigen Verwendung könnten Maßregeln der Absperrung, die früher an ihrer Unausführbarkeit scheiterten, gegen den zu Lande andringenden Verkehr unter Voraussetzung ihrer Nützlichkeit durchgesetzt und erzwungen werden. An Stelle der Papierblokade, die gegen die Pest früherhin erklärt wurde, ließe sich ein wirksamer Belagerungszustand handhaben.

Nicht zu übersehen ist, daß die Pest sich immer mehr und mehr aus den Küstenplätzen des türkischen Gebiets in entlegene Stätten des innern Kleinasiens zurückgezogen hat. Selbst die Feinde der Türkei, die ihren Untergang verkünden, müssen anerkennen, daß seit Howards Zeiten der Vorrath an menschlicher Kultur in Aegypten, Griechenland, Vorderasien gestiegen ist. Wäre es wirklich wahr, was man vor hundert Jahren allgemein glaubte, daß der Baumwollenhandel vorzugsweise der Träger des Pestgiftes gewesen sei, so würde die Verlegung der hauptsächlichsten Bezugsquellen der Baumwolle nach Nordamerika und Ostindien als ein günstiges Anzeichen gedeutet werden können.

Von besonderer Wichtigkeit ist aber eines, was Howard zu seiner Zeit nicht beachtet hat, weil er es noch nicht beachten konnte: Die gänzlich veränderte Bedeutung der völkerrechtlichen Beziehungen in der heutigen Staatenwelt.

Vor hundert Jahren handelte jeder Staat, wenn er sich durch Sperre und Quarantaine gegen das Nahen der Pest zu wehren trachtete, nicht nur ausschließlich in seinem eigenen Interesse, sondern auch mit dem immerhin beschränktern Maß seiner eigenen Mittel. Was andere Staaten beabsichtigten oder erreichten, blieb unbeachtet. Daher die Zertheilung ungleichmäßig und ungleichzeitig-wirkender Kräfte. Heute dagegen sind sämmtliche Staaten Europas von dem Bewußtsein gemeinsamer Interessen und gemeinsamer Gefahren auf dem Gebiete der Gesundheitspflege und in dem Kampfe gegen die großen Volksseuchen ebenso sehr durchdrungen, wie von der Unzulänglichkeit eines vereinzelten Vorgehens gegen einen Feind, der nicht mehr diesen oder jenen Staat, sondern die Menschheit und die Welt bedroht. Gerade die Entwickelung des modernen Handelsverkehrs hat diese Ueberzeugung zum Durchbruch gebracht. So entstand die neue Aufgabe auf dem Boden der heutigen Gesittung: Die Ausrottung der Cholera als eine gemeinsame Angelegenheit der Kulturstaaten mit gemeinsamen Mitteln zu betreiben. Indem die West-Europäischen Staaten gemeinsam nach vorangegangenem Einverständniß gleichzeitig handeln und entschlossen zur rechtzeitigen Verhängung einer Handelssperre gegen solche Staaten schreiten, in deren Gebiet die Pest aufgetreten ist, sichern sie sich einen der Menschheit dienlichen Einfluß auf Regierungen, die aus Eigensinn, Unkenntniß, Bequemlichkeit oder Leichtsinn mit der Durchführung entscheidender Maßregeln zögern möchten. Die Möglichkeit, die vor hundert Jahren fehlte, ist heute geboten: Die Europäischen Staatsregierungen sind befähigt, ihren gemeinsamen Einfluß an den außereuropäischen Ursprungsstätten der Cholera und Pest in nachdrücklicher Weise fühlbar zu machen und die allmählige Ausrottung jener Seuchen anzubahnen, indem man begreift, daß zu allermeist die Wanderseuchen an den ursprünglichen Stätten ihres regelmäßigen Ursprungs zu bekämpfen sind.

Welches aber würde voraussichtlich das Verhalten der heutigen Gesellschaft sein, wenn es trotz aller Vorsichtsmaßregeln nicht gelänge, die Pest von den Gränzen der westlichen Europäischen Staaten fernzuhalten? Würden wir von Neuem durch Schreck gelähmt werden und dadurch den eindringenden Widersacher Vorschub leisten, wie es in früheren Jahrhunderten geschah? Würden sich Zucht und Sitte lösen, wie in den Zeiten des dreißigjährigen Krieges? Würde die Masse der Furchtsamen durch kopflose Flucht Alles in Verwirrung stürzen? Würde der Taumel der Genußsucht, die ihre Henkersmahlzeit mit Todesfurcht paart, im Bündniß mit feiger Verzweiflung die Oberhand gewinnen? Oder sind die moralischen Besitzthümer der Gegenwart, sind Aufopferung, Menschenliebe, Gemeinsinn, Selbstverleugnung, in demselben Maße gewachsen, wie der Vorrath unserer wissenschaftlichen Kenntnisse?

Ich wünschte, diese Frage bejahen zu können, aber ich muß sie unentschieden lassen. Nicht zu leugnen ist jedoch, daß die Gefährlichkeit der Pest nicht blos abhängt von der Verderblichkeit ihres im Dunkeln schleichenden Giftes, sondern auch von dem Mindermaß sittlicher Eigenschaften, die in den Charakter der Völker wurzeln. Feigheit, Verzweiflung, Eigennutz und Genußsucht sind die sichern Bundesgenossen der Seuche und vervielfältigen die Keime des Todes.

Hier zeigt sich die Wechselwirkung aller menschlichen Lebensverhältnisse. Dem oft betonten Worte, das eine „gesunde Seele im gesunden Leibe" verheißt, steht wenigstens im Hinblick auf die großen Wanderseuchen als Gegensatz von gleicher Stärke auch die Wahrheit gegenüber: „Eine gesunde Seele, ausgerüstet mit den Tugenden der Selbstbeherrschung, mit der Kraft der Entsagung, fähig zur Aufopferung des Eigennutzes auf dem Altar der Menschenliebe, verbürgt die Wahrscheinlichkeit der Gesundhaltung des Leibes. Die gesunde Seele ist Baumeister des gesunden Leibes!

Howard war nicht der erste, der in Zeiten der Pest das eigene Leben an die Rettung seiner Mitmenschen gesetzt hat. Durch das Dunkel einer der trübsten Zeitperioden strahlt der Name des Cardinals Boromeo. Aber man darf nicht vergessen, daß der bescheidene Brite, ohne durch kirchliche Gelübde gebunden, ohne von Motiven menschlicher Ehrsucht getrieben zu sein, losgelöst von aller Genossenschaftlichkeit gleichstrebender Menschen, lediglich auf sich selbst stehend, frei von jener Pflicht des Berufes, die dem Amte des Geistlichen und Arztes in Zeiten der höchsten Noth zur Zierde gereicht, herausgetreten ist aus dem Banne des Wohllebens, aus den Stätten der Gesundheit, aus dem Kreise der Freunde, aus dem Genusse verdienten und wohlerworbenen Ruhmes, aus dem Rahmen des eignen Vaterlandes, um in weitester Ferne, zu Zeiten der Pest, Ungläubigen und Türken Hülfe zu bringen.

In einem anderen, als dem mittelalterlichen Sinne, kam er als Kreuzfahrer in das Morgenland. Er trug das Kreuz des Friedens, und in seiner Person offenbarte sich wahrhaft der Geist einer neuen, über die Schranken der Nationalität und der mittelalterlichen Kirche erhabenen Menschenliebe. Er ist damit einer der Propheten jenes rothen Kreuzes geworden, das in Kriegszeiten den verwundeten Feind aufrichtet und heilt, eines Symbols, das möglicherweise auch in Zukunft eine ebenso große Aufgabe Angesichts verheerender Wanderseuchen finden könnte, wenn es darauf ankommt, Diejenigen rechtzeitig zu sammeln, die furchtlos und entschlossen, wo andere Kräfte fehlen und versagen, dem Pesthauche entgegengehen und damit auf's Neue beweisen, was Howard bewiesen hat, daß die Pest in der Gegenwart keines jener apokalyptischen Ungeheuer ist, denen die verzagende Menschheit sich händeringend zu unterwerfen hat, sondern ein Feind, der durch klare Ueberlegung, rechtzeitige Vorsicht, tapfern Muth und hingebende Menschenliebe aus dem Felde geschlagen werden kann.

Anmerkungen.

1) Directions for the cure of the plague by the College of Physicians and orders by the Lord Mayor and Aldermen of London, 1665.

2) Von Richard Mead, dem Leibarzt Georg I. und Verfasser einer noch zu Anfang dieses Jahrhunderts hochgeschätzten Abhandlung über die Pest, berichtet sein französischer Uebersetzer Theodore Pierre Bertin nach englischer Quelle eine Anekdote, die ihres culturgeschichtlichen Interesses wegen, hier erwähnt werden mag.

Ein Freund von Mead hatte 1722 im Unterhause die Königliche Regierung so heftig angegriffen, daß er unter der Anschuldigung des Hochverraths im März des folgenden Jahres in den Tower gesetzt wurde. Einige Zeit nachher ward ein Mitglied des Ministeriums krank und ließ Dr. Mead rufen, um von ihm behandelt zu werden. Der königliche Leibarzt erklärte, daß er bestimmt Heilung verspreche, aber kein Glas Wasser verabreichen würde, bevor das ihm befreundete Unterhausmitglied aus dem Tower entlassen sei. Da die Krankheit des Ministers sich verschlimmerte und der König ersucht wurde, in die Freilassung zu willigen, erfüllte sich die von Mead gestellte Bedingung, und dieser heilte den Minister. Am Abend der Freilassung überreichte Mead seinem Freunde 5000 Guineen an ärztlichem Honorar, die er für die Behandluug des Patienten seines eingesperrt gewesenen Collegen in der Zwischenzeit bezogen hatte. —

3) Die Namen der betheiligten Aerzte waren: Raymond, Arzt, und Desmouliens, Chirurg, beide zu Marseille, Giovanelli von Livorno, They von Malta, Morandi zu Venedig, Verdoni zu Triest, ein nicht näher bezeichneter jüdischer Arzt zu Smyrna und Fra Luigi di Pavia, Prior des Hospitals von St. Antonio, ebendaselbst.

4) Dr. Morandi, der in Venedig jedenfalls Gelegenheit zu häufigeren Beobachtungen hatte, versicherte Howard, daß es zwei Arten von Pest von ähnlichem Charakter gebe, die eine von Luftverderbniß herrührend, theile sich auf alle Entfernungen mit, die andere wirke nur durch Contact oder sehr nahe Annäherung an Personen. Die ersten nenne man „Pestfieber", die zweite „Ansteckungsfieber". Daraus geht hervor, daß er alle Malariafieber zur „Pest" im weiteren Sinne rechnete. Leider finden wir bei Howard ebensowenig wie bei anderen zeitgenössischen Schriftstellern, genauere Mittheilungen darüber, wie sich die sog. ägyptische Pest in gewissen Gegenden nach ihrem Auftreten zu endemischen Malariafiebern verhielt. Morandi scheint jedenfalls das Venezianische sog. Lagunenfieber zur Pest im weitesten Sinne gerechnet zu haben.

5) Die Angaben, die Howard erhielt, waren sehr verschieden. Zieht man aber den Durchschnitt, so ergeben sich etwa zwei Drittel Todesfälle im Verhältniß zu den Erkrankungen, was der Cholera ungefähr gleich-

kommen dürfte. Zieht man die oft unzweckmäßige Behandlungsweise der damaligen Zeit (zu häufige Blutentziehungen!) in Betracht, so scheint heute jedenfalls kein Grund vorhanden, die Pest mehr zu fürchten, als ihre asiatische Concurrentin.

6) Auf Ersuchen des russischen Hofes ließ der Gesundheitsrath von Venedig eine Heilmethode durch den Primaarzt Giambastian Paitoni 1784 ausarbeiten, wovon Howard einen Auszug lieferte. Paitoni sagt, daß Aderlässe und Abführungsmittel unzulässig seien; alle Mittel, welche den Kräftezustand des Kranken zu heben geeignet seien, gelten ihm als gut, alle gegentheilig wirkenden schlecht. Im ersten Stadium seien Schweiß treibende Mittel nützlich. Als günstiges Zeichen faßt er das Auftreten der Bubonen, sind diese mißfarbig (livid) oder schwarz, jauchig, oder wachsen sie schnell, so steht es schlimm. Ein noch schlechteres Zeichen ist Anthrax. Fast immer tödtlich ist der Verlauf, wenn Petuchien sich zeigen oder aber Durchfall und Hämorrhagien eintreten.

Zu verwundern ist, daß dieser vielfach modern verfahrende Arzt nicht der Abkühlungsbäder zur Bekämpfung des Fiebers oder der permanenten Lufterneuerung gedenkt, obwohl er Ventilation als Schutzmittel gegen Erkrankungen empfiehlt.

7) Ueber den Witterungseinfluß berichtet Howard eine beglaubigte Beobachtung aus dem Dorf Eyam bei Tideswell in Derbyshire, wohin 1665 die Pest aus London durch ein Paquet mit Bekleidungsstoffen gelangt war. Im September 1665 starben 6, im October 22, im November 5, im Dezember 7. Im Januar 1666 3, Februar 5, März 23, April 12, Mai 5, Juni 20, Juli 53, August 78, September 24, October 17, November 1. Leider ist bei Howard die Gesammtziffer der Einwohner und der Erkrankten neben der Zahl der Todesfälle nicht verzeichnet.

8) Die Terminologie der Franzosen und Italiener unterschied patente brute und patente nette.

Es waren dies: Marseille, wo er die Praxis der Durchräucherungen lobenswerth fand, Genua, Livorno, Neapel, Malta, Zante, Smyrna, Venedig. Von diesen gab er kurze Beschreibungen. Außer den beschriebenen, sah Howard noch anderen Quarantaineanstalten, an denen er nichts erwähnungswerth fand.

(176)

Druck von Gebr. Unger (Th. Grimm) in Berlin, Schönebergerstr. 17a.

www.ingramcontent.com/pod-product-compliance
Lightning Source LLC
Chambersburg PA
CBHW021446090426
42739CB00009B/1671
* 9 7 8 3 7 4 4 6 3 3 0 7 9 *